The
JOURNEY

A Big Panda and Tiny Dragon Adventure

The JOURNEY

A Big Panda and Tiny Dragon Adventure

JAMES NORBURY

在迷失的日子裡，
走一步也勝過原地踏步

大熊貓與小小龍的相伴旅程2

詹姆斯・諾柏瑞—著　　鄭煥昇—譯

獻給走在自身旅程中的每一個人。

高高的山裡有一間廟宇。

四周圍繞著一座廣袤的森林。

外加一片深邃而靜謐的湖泊。

那座廟有過風光的歲月。

但那無關乎

以這座古寺為家的

兩個朋友。

大熊貓與小小龍。

白天裡，他們會跋涉到高高的山巔。

在那兒探索濃密而糾結的森林，就希望
瞥見居住在當地的生物們一眼。

入了夜，他們會仰望星光，
同時還有小小龍精心沖泡的
熱茶可以品嚐。

一個冬天晚上，在滿月之下，
小小龍轉頭看著他的朋友說，
「這地方太不可思議了，大熊貓，
這些樹，這些山，這些鳥，還有這些動物，
他們是如此神奇；我們太幸運了——
但我總覺得好像缺少了什麼？
為什麼我覺得自己不圓滿？」

大熊貓點點頭，

喝了一小口茶。

「好問題，小不點，

而答案說簡單也簡單，說困難也困難。

先睡吧。

明天又是新的一天，

我們再來看看怎麼面對這個問題。」

大熊貓起了個大早，但他的朋友

比他更早，已經在看太陽

升起在山頭上了。

他在岩石上找了塊地方坐下，

依偎在小小龍的身旁。

「你不開心，我的小朋友，」大熊貓說。

「無妨，誰都有不開心的時候。

重點是你留意到了

自己有哪裡不對勁。」

「問題，不該讓我們裹足不前，」大熊貓說。
「問題，只是大自然在告訴我們需要去探索一條不同的路徑。」

'Problems should not stop us,' said Big Panda.
'They are simply nature's way of letting us
know we need to explore a different path.'

「你分享了自己的感受，」大熊貓說。
「分享生活裡的好與壞，縮小了我們之間的距離，
也讓我們得以相互扶持。」

「我會幫你的，」小小龍說，
「只要你有需要。」
「你每天都已經在幫我了啊，」大熊貓說，
「做你自己就是在幫我了。」

他們過了條老橋，橋的另一端通往寺廟的庭院。
「改變，」大熊貓說，「就算你不確定會通往何處，
也勝過停滯不前。」

They crossed the old bridge that led to the temple's garden.
'Change,' said Big Panda, 'even if you don't know where it will lead,
is better than stagnation.'

「從某些方面來說，人心就像一個花圃。
需要你的照顧、關注與付出。
放任它自行其是，花圃很快就會雜草叢生，
而雜草叢生的地方開不出花朵。」

'In some ways, the mind is much like a garden.
It needs your care, attention and effort.
Left to its own devices it will soon become overrun with weeds.
And where there are too many weeds, flowers cannot grow.'

小小龍點了頭。

「但我要怎麼做，才能拔掉雜草呢？」

「我會幫你，」大熊貓說。
「記住，小傢伙──
我們一起就沒有做不到的事情。」

他們離開了花園，走到了懸崖邊，
眺望著大河。
在岩石上坐定後，
大熊貓轉頭看著小小龍。
「我們不能枯坐在這裡
希望雜草可以自己消失不見。
我們必須動起來，
有時候有些事需要改變，
而改變需要付出。
我們應該要出發旅行，到河的另一端。」

他們回到廟裡關好木質的百葉窗，
並擋好了破損的門徑，要知道在山裡
下大雨是家常便飯，小小龍可不想等他回來的時候，
東西都濕透了。

　　把廟處理好之後，他放了好些
自己最寶貝的東西到他的小推車裡，
　　然後到了外頭跟大熊貓會合。

大熊貓一看到快要滿出來的推車，緩緩搖了搖頭。

「我們不能這樣大包小包地過河。」

「但我不能沒有這些東西，」小小龍說著，撫摸起了他龍爺爺的照片。

「你需要的一切，」大熊貓說，

「都在你身上了。」

'Everything you need,' said Big Panda,

'is already inside you.'

小小龍頓了一下——他內心深處
知道大熊貓是對的，
但他有一個小問題。
「我可以把茶具帶上嗎？」

「當然，」大熊貓說。
「享受大自然的恩賜，並沒有什麼錯，
我們只要拿捏好分寸，
不要玩物喪志就無妨。」

'Of course,' said Big Panda.
'There is nothing wrong with enjoying the
fruits of the world, we just need to make sure
we do not lose ourselves in them.'

就此小小龍攀上了
大熊貓的背，兩人循著岩徑
踏上了離開山間與沿河而下的旅程，
慢慢把古寺遠遠拋在身後。

他們跋涉了許多天，途中穿越了茂密的森林
跟林木所在的一座座山嶺。
他們途經了墜地飛濺的瀑布，還有黑暗深邃的池水。

他們目睹了五彩繽紛的鳥兒，也瞥見了小鹿
在參天的巨竹間一閃而過。

直到一天晚上，
就在群星開始現身之際，
他們來到了大河的岸邊。

「我們今晚就在這兒落腳，」大熊貓說。
「我們可以生個火，聆聽潺潺的河流。」
「我來泡點茶！」小小龍說。
小小龍撿拾了一些薪柴，然後不一會兒
水就已經燒滾在劈啪作響的火焰上。

小小龍用枝條戳起了火堆。
「大熊貓，我在想啊……
為什麼我現在撿木柴，沒辦法
像我是小小小龍時那麼愉快了呢？」

「以前的我好喜歡精挑細選
最好的枝條，挑除多餘的葉子，
然後將之放在我的籃子裡。」

大熊貓想了想。
「我們的念頭會帶著人遠離自我。
你在青春少年時，蒐集薪柴的工作
大抵會讓你全神貫注。
而當你那麼專心在一件事上頭，你的心靈就比較不會
到處飄散，一種內在的平靜於焉成形，
而平靜中又會生出喜悅與祥和的感受。」
小小龍思忖著，
「你說的或許沒錯。我剛剛在
撿拾薪柴時，心裡也同時在想著
這趟旅程能否真正幫助到我。
我其實並沒有把心思
放在枝條上。」

「平靜永遠等著我們去尋求，」大熊貓說。
「而在那股祥和之中，你就能開始找回自我。」

'Stillness is always there to be found,' said Big Panda.
'And in that peace you may start to find yourself again.'

小小龍感覺到大熊貓只是在提醒他
一件他內心深處早已知曉的事情。

「而要是你忘記了自己，
只要抬頭仰望天上的繁星，
抑或聆聽在晚風中搖曳的松林。
它們都在執行這個當下裡──大自然的旨意。」

晨間，當兩人
在享用竹葉與莓果的早餐時，
大熊貓注意到小小龍
有點愁容滿面。

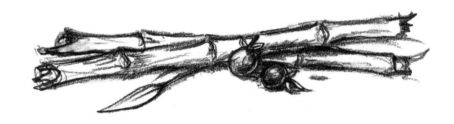

「怎麼了，小傢伙？」
小小龍抬起頭。
「我怕，」他小小聲說道。
「我不想過河。」

「怕是正常的，」大熊貓說，
「但偶爾我們都得硬著頭皮前進。」
「恐懼，不會讓你獲得不死之身，
但它倒是有辦法讓你雖生猶死。」

'It's natural to be scared,' said Big Panda,
'but sometimes we must carry on anyway.'
'Fear will not stop you dying,
but it may stop you from living.'

他們看著破曉的太陽翻過黑暗的山峰。
「有些事需要改變，我的小朋友，」
大熊貓說。
「但不需費力的改變，
就帶來不了太大的差別。」

They watched the sun break over dark mountains.
'Something needs to change, my little friend,'
said Big Panda.
'But if making the change was easy,
it probably wouldn't make very much difference.

「努力夠大，改變才會夠大。」

'Great change requires great effort.'

小小龍把莓果吞下肚。

「你說的對，」他說。

「過河確實讓我害怕——

我到時候一定會渾身發抖

——但無論如何我都要過。」

兩人一起勘查起河岸線，大熊貓查著查著
發現了他在尋尋覓覓的東西。
「這裡的天候恐怕相當猛烈，」他一邊說，一邊手指著
在風雨裡傾倒的樹木。
「我們可以拿竹子做出繩索，捆起樹幹，
木筏一下就有了。」

壓抑著內心的洶湧，
小小龍露出了大大的笑容、
鼓起了小小的胸膛。
「我去找竹子。
你去撿樹幹。」

時值午後，他們已經組好了小木筏。
看起來不怎麼起眼，但那
已足夠載著他們渡河。

「我做得很開心，」小小龍說，
眼裡盡是兩人努力的成品。

「但其實，」大熊貓說，「撿竹子
跟撿木柴並無不同。
有時候，好與壞不過是
因為我們看待世界的方式不同。」

'And yet,' said Big Panda, 'gathering bamboo
is not so different from gathering sticks.
Sometimes good and bad are just
ways of looking at the world.'

隨著太陽開始下山，大熊貓拖著木筏
進入河流的淺灘。
他們一起上了船，小小龍拄著
船篙將兩人推離河岸。

兩人任由水流牽引了木筏一會兒，
就這樣順流而下。

「這木筏有點像我們，」
大熊貓說。
「它待過哪裡，
決定不了它將去向何方。」

'This raft is a little like us,'
said Big Panda.
'Where it's been doesn't have
to determine where it's going.'

「過去，不會什麼影響都沒有吧？」
小小龍說。

'Surely the past makes a difference?'
said Tiny Dragon.

「你說得對，」大熊貓說，「過去就像一個故事，
講的是我們來到此處的前因後果——但你永遠可以
從現在開始寫一個新的故事。」

'You're right,' said Big Panda, 'the past is like a story that
tells us how we arrived where we are – but you can start
writing a new story right now.'

小小龍陷入了沉默，
思索起了大熊貓的話語。

此時不知從何處傳來的低沉巨響，轟隆一聲撼動了整片大地，
小小龍感覺到陣雨與寒風。
「暴風雨要來了，」大熊貓望向了不斷聚集的烏雲。
「我們快朝岸邊去吧。」

但水流的暗潮洶湧超乎他們想像，
雖然費了好一番功夫，但他們還是
無法操縱小船靠岸。
小小龍慌了起來，
但大熊貓只是鎮靜地划動船槳。

「你不怕暴風雨嗎？」小小龍問。

'Aren't you scared of storms?' asked Tiny Dragon.

「以前怕過吧，」大熊貓說，「但我每一次都活了下來
——經驗告訴我沒什麼好怕。」

'Maybe once,' said Big Panda, 'but I've survived
them all – I've learnt that I don't need to be afraid.'

烏雲籠罩在他們頭頂，
雨水開始下得既猛又冰，
河水的表面就此變成了
亂無章法的一片泡沫。
木筏開始打轉，開始不聽使喚。
傾盆大雨使得
木頭表面變得又冷、又滑、又濕。
小小龍能做的只剩下抓緊個什麼，
大熊貓攤平了自己，盡可能讓自己
成為一個穩定的存在，同時伸出了巨大的手掌
將小小龍擁入其皮毛裡，
好讓他感覺溫暖與安全。

小小龍害怕到說不出話來。
他死命閉起雙眼，
手也抓得緊到不能再緊。

但就在此時他想起了自己的茶具。

睜開雙眼，他看到茶具被摺下在木筏上，
其包袱勾住了一片銳利的木頭。
他伸手要去拿，但就在此時
木筏狠狠撞上了一塊巨大的礁石。

茶具掙脫了木頭，跌入了河裡。
眼睜睜看著茶具消失在黑暗翻攪的水深處，
他覺得自己的一顆心也一併沉了下去。

他在幹什麼？

這一切所為何來？

他這輩子第一次產生了這樣的念頭。

他把臉埋在手裡，
啜泣了起來。

大熊貓聽到了小小龍的痛苦。
他想要幫助他，想抱住他，
想告訴他沒事的。
但精疲力盡的他早已沒了
力氣說話，而且他一旦鬆開
雙手，兩人就會一起被沖進
河水的泡沫中。
他能做的只是當個聽眾
然後盡其所能保兩人平安。

再怎麼猛烈的暴風雨，也會過去……

一早，風雨已經氣力放盡。

木筏漫無目的地飄盪在玻璃般的寂靜水面。

大熊貓感覺陽光照在他的背上，便張開了眼睛。

他的皮毛糾結著鹽分，他的身體痠痛，但他

仍因為感到小小龍的身體蜷曲在他毛裡而覺得安心。

沒多久，他的小朋友也醒了過來，爬出到

晨間的空氣裡。

「我們沒事了！」小小龍尖叫起來。

並給了大熊貓一個大大的擁抱。

「但是我們人在哪裡？

我看不見大河的河岸。」

「風雨肆虐了一整晚，」大熊貓說。

「我們被掃到了海上。」

「喔不，」小小龍驚呼了一聲。

「我們死定了！」

「這裡不是我們有得選擇的話
會來的地方，」大熊貓說，
「但這就是我們現在身處的地方……
如果你能試著去忘卻
已經發生的一切，即便一下子也好，
然後放眼四下，
你或許就會發現這其實是
我們歷來的經驗裡
極其美妙的一個瞬間。」

小小龍凝望起一望無際的大海，
朝著四面八方都看不到盡頭。
「我們從來不曾迷路到這種程度，」他嘆了一聲說。

「覺得迷惘的話，」大熊貓說，「就閉上雙眼。

聆聽拍打在木筏上的海水，

感受照射在你肌膚上的陽光，還有吹拂在你臉上的微風。

你就在那裡。

你很快就會找回自己。」

小小龍照做了……
但在那當下的寂靜中，
他能想到的只有自己失去了
他的寶貝茶具、他們沒有糧食
跟淡水，還有他們離家有多麼遠……
所以他做起了自己唯一想得到的事情——
划起了水來。

幾小時

拉長成幾天。

每天早上

太陽都會火紅地升起

在鏡子一般的海面上，

但完全沒有土地的跡象。

一晚，小小龍

拖著又餓又渴的虛弱身體，

爬向了大熊貓，

依偎進他的毛皮。

「你怎麼能這麼冷靜？」

他問道。

「這說不準就是我們的末日。」

大熊貓把小小龍拉得更近了些。
「世事從來都不是我們能掌握……一樣都沒有。
我只是相信生命會帶著我們前往我們該去的地方。」

「但萬一我身處在我不想待的地方呢？」小小龍問。

「那種情況在所難免，」大熊貓說，

「當然，我們可以試著去改變我們的環境，

讓局面能變好一點，

但有些處境，比如像現在這樣，是我們改變不了的，

我們就應該試著去接受現況。

接納帶來的會是無比的平靜。」

帶著疲憊與虛弱，小小龍睡了下去，

而大熊貓則抬頭望向了

他有生以來數一數二美麗的星空。

小小龍忽然醒來。

雖然天還沒亮，

他仍可以看見木筏已經

停泊在了一片沙岸上，

上頭還反射月光而閃閃發白。

更遠處，

高山聳立在夜空中。

小小龍搖搖晃晃地起身。
「大熊貓，大熊貓！我們得救了。」

大熊貓張開眼睛，飽覽了眼前一望無際
的白皙沙灘與遠方的群山，
笑著看向了小小龍。

「來吧，小傢伙，」大熊貓說。

「爬到我背上，我們去找點吃的跟喝的。」

他們沒走多遠，
就找到了一片濃密的草地，旁邊就是一彎溪水。
小小龍蒐集了一些甜香的紅莓，
甚至還發現了若干初生的嫩竹。

他們坐在水邊吃著、喝著，也看著
太陽從海平面上升起。

「我從來沒想過自己會為了有得吃喝而這麼感動，」
小小龍一邊說，一邊大嚼特嚼起莓果。

「說來好玩，」大熊貓說，
「簡單的東西只要換上新鮮的目光，
常常可以帶來無比的快樂。」

'It's funny,' said Big Panda,
'how simple things, when seen with fresh eyes,
can often bring the most happiness.'

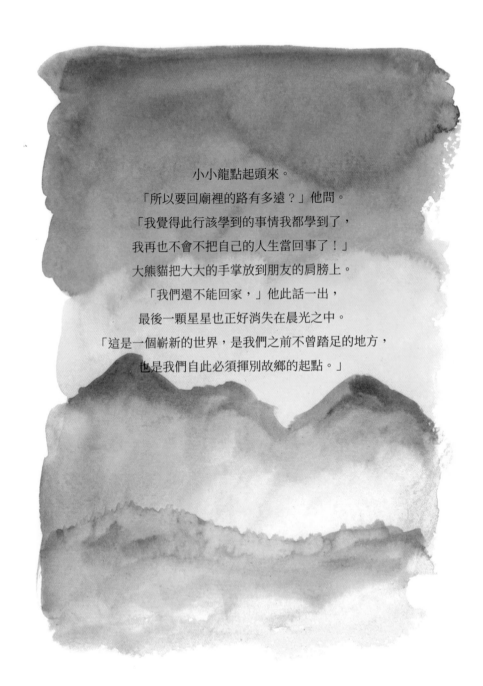

小小龍點起頭來。

「所以要回廟裡的路有多遠？」他問。

「我覺得此行該學到的事情我都學到了，

我再也不會不把自己的人生當回事了！」

大熊貓把大大的手掌放到朋友的肩膀上。

「我們還不能回家，」他此話一出，

最後一顆星星也正好消失在晨光之中。

「這是一個嶄新的世界，是我們之前不曾踏足的地方，

也是我們自此必須揮別故鄉的起點。」

「不，」小小龍尖叫起來。

「怎麼會這樣。

我們必須回去。

不然廟怎麼辦，

還有我的東西，

我的朋友，

還有那些我最喜歡

的地方……？

不。

我們不能待在這裡……

我們不能……」

大熊貓指著
他們旁邊的小溪。
「溪水是如何繞過岩石前進的，
你看到了嗎，小小龍？
障礙在那裡，
但水會繞過去，
水會選擇最輕巧的路徑
前往目的地。
我們也可以效法。」

小小龍抬頭望向

大熊貓，試著微笑，

試著了解他言談中的智慧，

但他的心無比沉重。

他內心深處感覺自己一無所有。

他感到無比的空虛。

大熊貓伸出了安慰的手掌——

「我們已經偏離了路線，離家千萬里。

但……」

「如果免不了要迷路，」大熊貓說，
「我很慶幸是跟你一起。」

但小小龍並沒有
從大熊貓的話裡得到什麼安慰。
他的目光落到了溪上，
他能看到的只有那顆擋路的石頭。

「雨要來了，」大熊貓看著益發暗沉的天色說。

「我們得找個地方躲雨。」

小小龍爬到了大熊貓的背上，

然後兩人展開了登山的路程。

那路並不好走。

很多時候根本沒有路，濃密而糾結的根部爬滿了森林的地面。

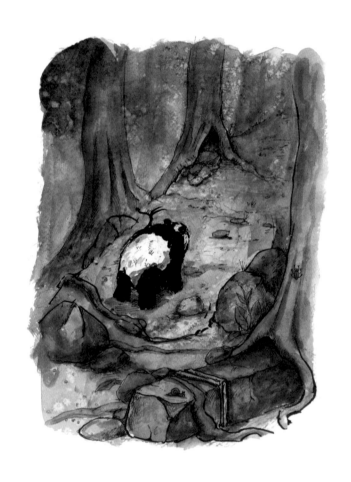

有時候路途陡峭到他們得另尋蹊徑，

而大熊貓的腳掌在深厚的泥巴中大滑小滑不斷。

雷電劈開了天空，

整片的雨水落下，

掃過了森林的天幕。

「我們必須挺進並找到棲身之所，」

大熊貓說，

「這雨得下好幾個鐘頭，

甚或數日。」

但小小龍沒有回話，沒有感覺到雨，
他甚至沒怎麼聽到大熊貓的聲音。

他只感到孤單與空虛，
在一個沒了意義的世界裡。

他們繼續了幾個小時的旅程，

直到森林消失不見，

只剩一片光禿的石原

旱地拔蔥地直奔

山巔而去。

未見頹勢的雨水

一面沖刷著石頭，

一面拾階沿山溝而下。

他們咬牙往上，
但途中毫無喘息的機會。
就在要耗盡所有力氣之前，
大熊貓發現了什麼。
「看吶，小小龍，
我們可以在那些岩石之間休息。」
但小小龍仍默不作聲。

大熊貓小心翼翼地繞過了銳利，
而濕滑的石頭，設法爬進了洞穴，
那是一個由巨石群集圍出的處所。
他們坐在一起看著降雨，
大熊貓轉頭面向小小龍。

「你有話可以跟我說，小傢伙，如果你需要的話。」

「有沒有我對誰都沒有任何差別，」
小小龍說。
大熊貓笑看他的朋友，
「有沒有你對我的差別可大了。」

「我知道你現在可能很難明白，」大熊貓說，
「但宇宙把我們安放在我們恰好需要存在的地方。」
小小龍抬起頭來，淚水在眼眶中打轉。
「但我們離家有幾百英里遠，
我們不知道這是哪裡，而且我們一無所有。」

大熊貓把濕透了的小小龍擁進懷中，
將他抱緊處理。
「你說的倒也沒錯，」他說，「但從某個角度去想，我們什麼都不缺。」

小小龍起身走出了洞穴，
進入了風暴。
大熊貓知道自己必須放手讓他走。

小小龍走在傾盆大雨中
完全不知道自己在往哪去。
他怎麼會什麼都不缺？
讓他之所以是他的每一樣東西
都已從他身邊被奪去。

他不知道自己一直走
究竟走了多久，
但又冷又累
讓他只能停下腳步。

一處突出的懸岩創造出了小到不能再小
的一處乾地，於是他蹣跚地踏了上去，
攤在了地上，瞅向了
一望無際的灰色天空……

然後他看見了……

懸在單一根蜘蛛絲上的

一片葉子……

那葉子恰好捕捉到了暴風雨苟延的幾縷呼吸。

那泥土般的色調捕捉到蒼白的太陽
正從雲層間射穿。

如此纖細。

如此美麗。

世界化做一個瞬間。

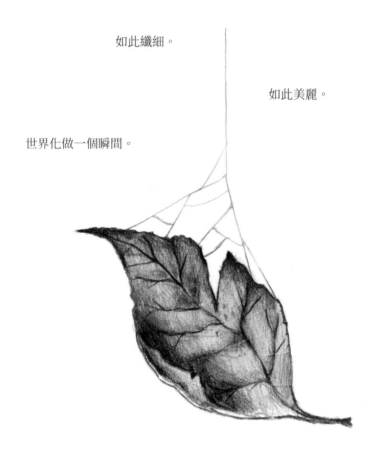

時間在它旋轉的同時不復存在。

小小龍不記得看過
什麼東西讓人如此著迷，
如此純粹、完美而精巧。
他開始感覺到自己內心的空虛
宛如一個等待被填滿的杯子。
等著被世界上所有的美好填滿。
痛苦是免不了的，那是當然，
但美麗也同樣所在多有。

Tiny Dragon couldn't remember seeing
anything so captivating.
So pure, perfect and delicate.
And he began to feel that the emptiness inside him
was like a cup waiting to be filled.
Filled with all the wonders the world had to offer.
There was pain, of course,
but there was so much beauty too.

「你看到了，是吧？」

小小龍轉頭看見了大熊貓，
濕透了的他臉上仍掛著笑意。

「我想我看到了，」他答道。

他們看著太陽消失在山脈後方，

而隨著夜幕降臨大地，

小小龍說出了暌違幾小時的第一句話。

「大熊貓，」他問。「宇宙是什麼？」

「我會覺得宇宙是我們的朋友，」大熊貓說。

「只要我們願意。」

小小龍隔天起了個大早，
雖然大雨仍在橫掃整片山脈，

但在他原本只看得到無助與挫敗的地方，
他如今看到了希望與美好。

「我們應該繼續出發了，」大熊貓說。

「我不確定我們待在這裡還能撐多久。」

他們已經沒了食物跟飲水，所以他們咬牙

忍耐著寒意與風勢，

重新朝著山巔而去。

「你看，」小小龍說。「我看得到山頂了。」

果不其然，在旋繞的霧氣中，
出現了參差嶙峋的巔峰。
大熊貓鼓足了力量，
衝刺起了最後一段上坡。

而隨著他們順利攻頂，

小小龍整個失去了言語，

因為就在更遠處，一條寬廣的河流蜿蜒曲折

在壯闊的森林谷地中。

「這，」大熊貓說，

「就是這趟旅程要帶我們前往的地方。」

「而這，」小小龍微笑說，

「正是我們要建立新家的地方。」

飢餓與寒意被忘得一乾二淨，小小龍一動也不動地坐著
讓攤開在他們眼前的美景盡收眼底。
直到大熊貓用大大的熊掌，拍了拍他的肩膀。
「來吧，」他說。
「讓我們下山去找食物跟水吧。」

這對朋友開始朝著底下的叢林前進，
那兒的美麗遠超乎了小小龍所能想像。

繽紛的鳥兒之不一而足是他前所未見，開花植物巨大到足以讓他沐浴
其中，地面的林間植被中悄悄爬行著披著皮毛的奇珍異獸。

然後有樣東西吸引了小小龍的目光，
半埋在土壤中的是錯綜複雜的一堆破陶。

經過一番挖掘，

小小龍發現了一只圓鍋，

還有一對並不成套、邊緣有些破損的小杯。

「來吧，」他說著，從灌木上選摘下了幾枚苞芽。

「我認得這些葉子——它們做成的茶很好喝。

我們來慶祝吧。」

他們找了一棵扭曲的古木，

在其枝幹下坐定，

並由小小龍生起了小小的一團火。

「有什麼值得慶祝的嗎？」大熊貓問道。

「我們啊……」小小龍說。「這是趟漫長的旅程，途中有許許多多的挑戰，

　　而我們都還好好地在這裡──這在我看來就很值得慶祝。」

「你知道嗎，」小小龍說，
「我覺得這是我有過最好的茶具了。」
「怎麼說？」大熊貓問。
「因為這是我現在擁有的東西。」

'You know,' said Tiny Dragon,
'I think this is the best tea set I've ever had.'
'Why is that?' asked Big Panda.
'Because it's the one I have now.'

小小龍把茶組包在了巨大的葉子裡，
兩人開始摸索沿著蜿蜒的獸徑前進，
涉過了深色的潺潺小溪。

「你感覺如何，小小龍？」
大熊貓問。
小小龍思索了一會兒。

「我還是有點難過於失去了我的朋友，
我的家，還有不在話下，我的茶組，但我想也許
我也慢慢在學著接受各種事物。」

「我感覺自己愈是鬆開緊握的手，」小小龍說，
「這個世界就愈會把更多的東西放進來。」

'It seems that the more I unclench my hand,' said Tiny Dragon,
'the more the world seems to place into it.'

「我慢慢了解到讓我不快樂的，
不見得是我當下的處境，
而是我的想法。」

'I have come to realize that it's not always
the situation that is making me unhappy,
but the way I think about it.

「我愈是放棄嘗試去控制世界，
就愈是能自由地去觀察世界各種精彩絕倫的不羈演出。」

The less I try to control the world,
the freer I am to watch it play out in all its untamed wonder.'

大熊貓會心地
點了點頭。
雖然了悟了
這麼許多，小小龍還是難免會
讓心思偶爾飄回到
所有他從此無緣再見的事物上。

「你怎麼會這麼有智慧啊，大熊貓？」

大熊貓頓了一會兒。

「我們每個人都蘊藏著智慧，我的小朋友，但智慧是一股極其

微弱、溫柔的聲音，你必須要十足地靜下來才能聽見它。」

「但你好像從來沒有不知道答案的時候，」小小龍說。

大熊貓微微笑了。

「那是因為我犯過的錯比你多很多啊。」

然後，就在他們考慮著要就此結束這天行程時，

兩人看見了遠遠有個貌似建築的東西。

湊近之後，他們可以看出那是間古老的

廟宇，當中布滿了樹木與植物。

你看不出那裡有人住過的痕跡，

除了幾隻猴子跟鳥兒以外，

似乎沒有人太注意它。

大熊貓檢查了內裡，看來安全無虞且可供人遮風擋雨。

「我在想這應該就是我們的新家了。」

當晚他們坐在寺廟廢墟的陰影中，喝著
用春水與新鮮綠芽泡出的茶。

「我不覺得這世界會有能符合我期待的一天，」
小小龍說，「有些事我永遠也無法改變。
但我想也許我自個兒倒是先變了，
有些我以前無法接受的事情
——現在好像沒那麼了不得了。」

「我感覺自己有點像這個杯子，」小小龍說。

「我歷經了一段難熬的時光，

覺得自己有點遍體鱗傷。

但這些小小的裂痕，」他說著

把杯子舉向了月光，

「正是讓光線得以照進來的地方。」

'I feel a bit like this cup,' said Tiny Dragon.

'I've been through a tough time

and I feel like I've been damaged.

But these little cracks,' he said,

holding the cup up to the moon,

'are what let the light shine through.'

小小龍給友人添了杯茶

在他身邊坐下。

「謝謝你，」他說著撫摸起大熊貓的頭。

「這是為了哪樁？」大熊貓問起。

「我走偏了那麼多次，每次都多虧了你把我拉住。

你不曾看不起我，拋下我，或是責怪我。

我希望這次自己做對了。」

大熊貓抱住了小小龍。

「只要我們還活著，」大熊貓說，
「我們就會繼續犯錯、繼續迷路：
生命大抵如此。
但只要我們倆都還在彼此身旁，
我們就會繼續相互扶持、繼續找出方向。」

'As long as we're alive,' said Big Panda,
'we will keep making mistakes and end up getting lost;
that is the nature of things.
But as long as we're both here,
we'll keep helping each other and we will find our way.'

那晚大熊貓與小小龍睡得很沉，他們疲憊、痠痛
的軀體在古廟的廢墟裡得到了穩當的休息。
隨著黎明破曉在整片山間，向他們捎來問候的是
璀璨至極的曙光，預示著嶄新的一天與嶄新的起點。

「好多好多的未知與可能就在我們前方，」
小小龍說。
「是喔，」大熊貓說，「那我們就來試試身手，能挑戰多少算多少吧。」

這趟旅程……
就此畫下了句點。

本書的成書之旅

《在黑暗的日子裡，陪伴是最溫暖的曙光》作為大熊貓與小小龍初次登場的舞台，主要是集結了我為了在網路上分享而繪製的單張畫作與獨立對話。這種風格催生出了許多言簡意賅且直擊心靈的圖文，但也限縮了我探索較長論述的可能性。

在這第二本書中，我得以一償說故事的宿願，畢竟說故事是我一直想做的事情。

說起故事，一直很吸引我的一個主題是旅程，而且是旅者在過程中既要與環境較勁、也要努力超越自己的旅程。雖然我們多少都希望故事的主人翁能夠成功，但我並不認為世上有所謂絕對的成功，畢竟人生裡任何絕對的事情都不多，所以在這樣的一本書中，我會希望避免「從此幸福快樂」的結局，我希望有缺憾的故事更能讓讀者產生共鳴。

沒錯，角色們確實在故事的尾聲找到了新的歸宿，小小龍也在更認識自己之後，懂得了該如何撐過人生的暴風雨，但他們倆也都失去了很多：他們再也回不到故鄉，再也看不到朋友，他們得以陌生人的身分在陌生的土地上面對各種恐懼與危險。

這個故事基本上始於改變（小小龍的不滿），也終於改變（新天地裡的新家）。這兩種改變都很駭人，但也都可以視為我們在人生旅途中必經的過程，畢竟只有經過這些改變，我們才能減去一分害怕，多得一分滿足。

我剛開始創作這本書時，就決定了要將之奠基在一場精神之旅，這趟旅程不僅僅要始於某種不滿，更要始於對這種不滿的認知與想要做點什麼去改變的欲望上。兩名主角就此踏上了一段有起有落的旅程——前一分鐘看起來前途無量，後一分鐘卻災難一場；一會兒看到黑暗的盡頭有道光線，一會兒又看著那道光被硬生生掐滅。這反映了我個人跟我所認識之人的生活經驗，我也希望故事有更真實的基底能衍生自這樣的情節。

這帶著我通向了一系列的奇怪體驗，我動輒發現自己沉浸在角色的心路歷程中，以至於我自身的感受也開始反映在小小龍，甚至偶爾反映在大熊貓的感受上。這或許是因為他們的故事在很多層面上，也是在重述我自己的故事。

這本書裡簡簡單單地只有兩個人物，是我刻意為之。風景大致鏡射著小小龍的心境，每當他感到寂寞，世界便會顯得荒涼。我向來的盼望是努力讓世界展現出美麗的一面（因為這確實是個美麗人間），但我們的小小主角有著震盪起伏的世界觀，而我也希望讓讀者體會到這一點。

我所做的其餘審美決斷包括：大致上讓角色由左朝右移動來象徵事情有所進展，由右朝左移動來代表事情的分崩離析。同時我會採用完全不同的一套配色來凸顯角色們來到一個嶄新的世界，讓讀者透過色調的轉變來默默意識到「一切都不一樣了」。

我的另外一項嘗試，是在書的一開始帶入了鳥居的元素，作為日本神道教寺廟的代表性拱門結構，鳥居象徵著從俗世通往神聖與靈性世界的入口。

我衷心希望這個故事可以觸動大家的內心，也希望在小小龍身上看到自己某些掙扎的讀者，可以從書中的訊息裡找到些許慰藉。我想說的是：改變難免令人膽怯，但人是真的可以改變，只要秉持耐心徐徐往前，改變終將帶我們走向更美好的明天。

在迷失的日子裡，走一步也勝過原地踏步
大熊貓與小小龍的相伴旅程2

作者：詹姆斯‧諾柏瑞（James Norbury）｜譯者：鄭煥昇｜資深主編：陳家仁｜企劃：藍秋惠｜美術設計：陳恩安

總編輯：胡金倫｜董事長：趙政岷｜出版者：時報文化出版企業股份有限公司／108019台北市和平西路三段240號4樓／發行專線：02-2306-6842／讀者服務專線：0800-231-705；02-2304-7103／讀者服務傳真：02-2302-7844／郵撥：19344724時報文化出版公司／信箱：10899臺北華江橋郵政第99信箱／時報悅讀網：www.readingtimes.com.tw｜法律顧問：理律法律事務所 陳長文律師、李念祖律師｜印刷：華展印刷有限公司｜初版一刷：2022年10月28日｜初版五刷：2024年3月16日｜定價：新台幣400元（缺頁或破損的書，請寄回更換）

ISBN 978-626-335-947-5｜Printed in Taiwan

時報文化出版公司成立於一九七五年，並於一九九九年股票上櫃公開發行，於二〇〇八年脫離中時集團非屬旺中，以「尊重智慧與創意的文化事業」為信念。

在迷失的日子裡，走一步也勝過原地踏步：大熊貓與小小龍的相伴旅程 2／詹姆斯‧諾柏瑞（James Norbury）著；鄭煥昇譯. -- 初版. -- 臺北市：時報文化出版企業股份有限公司，2022.10｜160面；17×20.8公分. --（大人國；8）｜譯自：The journey : a big panda and tiny dragon adventure｜ISBN 978-626-335-947-5（精裝）｜1.CST: 自我實現 177.2

111014703